LA RÉVOLUTION

ET

LA QUESTION SOCIALE

PAR

UN CLÉRICAL

Instaurare omnia in Christo.
(S. PAUL. *Ep aux Ephes* , I, 10).

L'abandon des principes est la vraie cause
de nos désastres.
(Mgr le Cte DE CHAMBORD , *Manifeste
du 5 mai 1871*)

LIBRAIRIE H. OUDIN, ÉDITEUR

POITIERS	PARIS
4, RUE DE L'EPERON, 4	51, RUE BONAPARTE, 51

NIMES
GERVAIS-BEDOT, LIBRAIRE-ÉDITEUR

1881

7

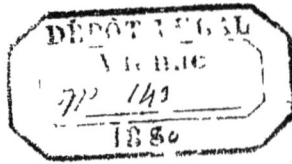

LA RÉVOLUTION

ET

LA QUESTION SOCIALE

PAR

UN CLÉRICAL

Instaurare omnia in Christo.
(S. Paul. *Ep. aux Ephes.*, I, 10).

L'abandon des principes est la vraie cause
de nos désastres.
(Mgr le Cte DE CHAMBORD, *Manifeste
du 5 mai 1871.*)

LIBRAIRIE H. OUDIN, ÉDITEUR

POITIERS   PARIS
4, RUE DE L'ÉPERON, 4 | 51, RUE BONAPARTE, 51

NIMES
GERVAIS-BEDOT, LIBRAIRE-ÉDITEUR

1881

INTRODUCTION

La terrible question sociale, qui n'a cessé, depuis six mille ans, de préoccuper si passionnément l'humanité tout entière, et qui produit dans le monde, à certaines heures, ces effroyables tempêtes sociales qui changent la destinée des peuples, sans améliorer leur sort, est de nouveau posée, devant notre siècle, par la Révolution Française.

Le paganisme antique avait essayé de la résoudre. On connaît les résultats de ses efforts ; on sait à quel degré de turpitude, de servilisme et d'esclavage était descendue la vieille société païenne.

Cependant, la solution donnée par le paganisme était bien préférable à celle qui est proposée aujourd'hui au monde par la Révolution Française ; elle n'excluait point de l'édifice social ce principe fondamental de toute société qui est, en même temps, la raison de l'existence de l'humanité, *la religion*.

Il est inutile de rapporter ici, à cet égard, les témoignages nombreux et éloquents des anciens.

Le Christianisme qui, seul, a donné au monde la solution lumineuse des grands problèmes qui pas-

sionnent si justement l'intelligence humaine, a résolu, lui seul aussi, et d'une manière admirable, la
question sociale.

La Révolution, dans son sot et satanique orgueil,
en écartant la solution chrétienne, a remis, depuis
quatre-vingt dix ans, la formidable question sociale
à l'ordre du jour des discussions publiques. On peut
dire, sans crainte de se tromper, qu'elle y occupe le
premier rang.

Qu'on ne se le dissimule pas, cette terrible question est pour l'Europe une question de vie ou de
mort.

Notre siècle est un siècle de transition. Les nations
européennes ont quitté, il y aura bientôt cent ans, le
giron de l'Église dans lequel elles étaient nées et
avaient grandi ; elles ont cessé d'être chrétiennes,
ce sont des nations apostates.

Rentreront-elles dans ce giron maternel d'où elles
n'auraient jamais dû sortir ? iront-elles se jeter, con-
trites et repentantes, dans les bras de Jésus-Christ
ou bien persévèreront-elles dans leur apostasie et
se précipiteront-elles dans l'abîme infernal que la
Révolution a creusé sous leurs pas ?

Telle est la grande question que nous nous posons
à nous-mêmes avec une poignante anxiété ?

Il s'agit de savoir si Jésus-Christ rentrera en
maître dans cette vieille Europe qu'il a comblée

de ses grâces et inondée de son sang, ou bien, si elle va passer définitivement sous le joug de la Révolution, c'est-à-dire de Satan?

Voilà bien la haute portée de la question sociale posée devant notre siècle.

Ceux qui ne se rendent pas compte de cette inévitable et cruelle alternative dans laquelle se trouve, à cette heure, la société européenne, sont trop nombreux parmi nous.

C'est pour eux que nous avons pris la plume.

Nous n'avons pas la prétention de traiter ici à fond la question sociale, d'exposer au regard les diverses solutions qui lui ont été données dans le cours des siècles, de démontrer que la solution proposée aujourd'hui par la Révolution française est la pire de toutes, et que la conséquence directe et inévitable des principes sociaux du monde moderne est, à n'en pas douter, la préparation, en Europe, du règne prédit de l'Antechrist.

Il faudrait, pour traiter cette question telle que nous la comprenons, plus qu'un talent ordinaire, mais quelque chose de cette haute et profonde intuition qui est le caractère propre du génie.

Ce travail se fera bientôt, nous en sommes convaincus; mais il ne nous appartient pas d'oser l'entreprendre. Notre but serait atteint si nous parvenions, dans ces quelques pages que nous offrons au public, à dégager des nuages au milieu desquels on se plaît à l'environner, la vraie notion de la Révolution en général et de la Révolution française en particulier, et à poser nettement la grande question sociale.

Nous voudrions essayer d'allumer, au milieu des ténèbres qui nous environnent, un modeste flambeau pour éclairer la conscience publique et montrer l'abîme ouvert devant nous.

« L'abandon des principes, disait, il y a quelques années, le Fils et l'héritier de saint Louis, qui fait revivre en notre siècle les vertus du plus saint des rois, l'abandon des principes est la vraie cause de nos désastres. »

Parole profondément vraie !

« Le règne des expédients est fini, disait, de son côté, il y a plus de trente ans, le plus grand de nos évêques [1], en prenant possession de son siège, il faut que le règne des principes commence. »

Hélas ! est-il temps encore de donner au monde de pareils avertissements ?

Il est trop tard peut-être pour dire la vérité

---

1. Son Eminence le cardinal Pie, évêque de Poitiers, ravi si inopinément, au mois de mai dernier, à l'admiration et à la reconnaissance de l'Eglise entière.

à la génération contemporaine qui ne veut plus l'entendre, et qui se précipite aveuglément dans cet enfer social que la Révolution lui prépare.

Mais, s'il est trop tard, si nous sommes destinés à jouer le rôle de Cassandre, si nous devons voir le triomphe de l'enfer en ce monde, nous gardons, du moins, l'espérance immortelle de voir le triomphe de Dieu en l'autre, et, en livrant au public ces lignes, nous avons la consolation de penser que nous remplissons un devoir.

Nîmes, le 8 décembre 1880

Fête de l'Immaculée-Conception de la très sainte Vierge Marie, Mère de Dieu.

I

LA RÉVOLUTION

Nous appelons : *la Révolution* le grand mouvement anti-chrétien qui s'est accompli en Europe, depuis la fin du treizième siècle, dans l'ordre religieux, politique, philosophique et social.

L'histoire du Christianisme, en Europe, peut se diviser, à notre avis, en deux grandes périodes : la période chrétienne ou *ascendante*, et la période révolutionnaire ou *descendante*. La première commence à la naissance du Sauveur et se termine au treizième siècle ; la seconde embrasse tous les temps qui se sont écoulés depuis cette époque jusqu'à nous.

Le Christianisme avait trouvé l'humanité plongée dans le sombre abîme des turpitudes païennes et courbée sous le joug du plus ignominieux esclavage ; il la délivra peu à peu, il éleva l'homme et la société humaine vers cet idéal de perfection absolue que le Fils de Dieu fait homme a réalisé dans sa personne adorable.

Sans doute, l'humanité n'a jamais atteint cet idéal divin ; mais qui oserait nier que durant les treize pre-

miers siècles de l'ère chrétienne, l'Europe n'ait marché, à
grands pas, dans la glorieuse voie de progrès que lui avait
ouvert le Christianisme? Tout n'était point encore parfait,
assurément, au treizième siècle ; mais, cependant, une
immense transformation religieuse, politique, philosophique et sociale s'était accomplie. En religion, le culte
du vrai Dieu avait été substitué à celui des infâmes divini-
tés païennes ; en politique, les intérêts religieux et moraux
de l'humanité régénérée et déifiée, en quelque sorte,
par le Christ, avaient pris peu à peu la place des intérêts
purement matériels et absolument égoïstes dont la sauvegarde était le seul but de la diplomatie de l'ancien
monde ; en philosophie, saint Justin, Athénagore, Clé-
ment d'Alexandrie, Tertullien, Origène, saint Ambroise,
saint Augustin avaient divinisé, en quelque sorte, la
philosophie d'Aristote et de Platon, en attendant que
saint Thomas d'Aquin, résumant, par le plus vigoureux
effort du génie humain, toute la philosophie et toute la
théologie des anciens âges, construisît le magnifique
édifice de la science chrétienne, fondé sur l'alliance
intime de la Raison et de la Foi ; dans l'ordre social, le
sceptre tyrannique du Césarisme païen avait été brisé.
Grâce à la féconde influence des idées chrétiennes, une
autorité supérieure à celle des rois savait contenir les
passions royales dans de justes limites. Néron et saint
Louis ! ces deux noms peuvent donner la mesure de
l'immense progrès réalisé, dans l'ordre social, durant le
cours de la première période de l'histoire du christianisme en Europe.

De Néron à saint Louis, en passant par Constantin et Charlemagne, la route avait été longue et périlleuse pour l'Eglise, mais elle avait été glorieuse : la victoire lui appartenait. Et quand, au treizième siècle, elle considérait cette éblouissante germination d'apôtres, de docteurs, de vierges, de saints de toute sorte qui embellissait la terre ; quand elle respirait le doux et céleste parfum de tant de vertus ; quand elle voyait s'élever, sous le souffle des idées chrétiennes, sur le sol naguère encore foulé par les Barbares, ces splendides cathédrales dont le génie de ses grands artistes savait faire comme un véritable vestibule du Ciel, l'Eglise pouvait contempler avec une légitime complaisance le glorieux chemin qu'elle avait fait parcourir à l'humanité et l'immense progrès que le Christianisme avait réalisé sur la terre.

Qu'on se place à ce sommet de l'histoire de l'Europe depuis Jésus-Christ que nous appelons le treizième siècle ! que de là on jette un vaste et profond regard sur toute l'histoire du Christianisme ! de la naissance du Sauveur jusque là, c'est le Christianisme qui monte, monte sans cesse, à travers les luttes incessantes suscitées tour à tour par le paganisme, l'hérésie, l'islamisme, le césarisme et ces alternatives de triomphes et de défaites qui en sont inséparables, et qui peuvent quelquefois néanmoins donner le change aux esprits inattentifs sur la véritable marche de l'humanité. Du treizième siècle jusqu'à nous, au contraire, c'est le Christianisme qui semble descendre à travers les mêmes alternatives et les

mêmes combats. C'est la seconde période de l'histoire
du Christianisme en Europe, la période révolutionnaire,
c'est *la Révolution* qui s'accomplit.

Durant le cours de cette seconde période, tout tend à
se déchristianiser en Europe. La Révolution, longue-
ment préparée dans le cours du quatorzième et du
quinzième siècle, en France, par le gallicanisme des
princes, des parlements et de la plupart des membres
des écoles de Théologie, en Angleterre et en Allemagne,
par les hérésies fameuses de Wicleff, de Jean Huss, de
Jérôme de Prague, par les prétentions du Concile de
Bâle et de celui de Constance, éclate enfin, dans l'ordre
religieux, au seizième siècle. Elle s'appela *le Protestantisme* ; M. Guizot lui-même le déclare [1]. Le Rationalisme,
au dix-huitième siècle, véritable protestantisme philosophique, en sécularisant la raison humaine, en brisant l'antique alliance de la raison et de la foi, consomme, à son
tour, la Révolution dans l'ordre de la philosophie. Mais,
de son côté, la politique européenne avait déjà cessé
peu à peu d'être chrétienne, à mesure que le prestige
de la papauté disparaissait à la suite des criminels atten-
tats dont l'autorité des papes avait été l'objet, dès la fin
du treizième siècle, de la part des légistes, des gallicans, des hérétiques, des Césars de France, d'Allemagne
et plus tard d'Angleterre, surtout de la part des fauteurs
du grand schisme d'Occident.

Tout pouvait cependant encore être sauvé en Europe,

---

1. *Histoire de la civilisation en Europe*, 12e leçon.

à la fin du seizième et au commencement du dix-sep-
tième siècle, grâce aux magnifiques éléments de restauration religieuse, politique, philosophique et sociale
que Dieu avait donnés à cette époque au monde chrétien ; mais la désastreuse guerre de trente ans acheva de
détruire la chrétienté, ce chef-d'œuvre de la politique
des papes, au Moyen-Age, et le traité de Westphalie
peut être considéré comme la consécration et le triomphe définitif de la Révolution dans l'ordre politique.

Restaient encore debout, il est vrai, à cette époque,
au milieu des ruines de l'Europe chrétienne les
principes fondamentaux de l'ordre social chrétien ;
mais les prétentions royales, depuis Philippe-le-Bel
jusqu'à Louis XIV, n'avaient cessé de les battre en brè-
che. La fâcheuse déclaration du clergé de France en
1682 acheva de les ébranler et fut le prélude de la
révolution sociale qui s'incarna en quelque sorte dans
la Révolution française : le socialisme qui menace
l'Europe a été son fruit naturel.

La Révolution, qui n'est autre chose que l'Antichris-
nisme, nous paraît être, si on la considère au point de
vue historique, la préparation lointaine, à travers les
siècles, du règne de l'Antechrist prédit, dans les Saintes
Écritures, comme un signe caractéristique et avant-
coureur de la fin des temps.

Qu'on écoute ce qu'écrivait, il y a quelques années, un
homme de génie, un de ces hommes prédestinés que
Dieu semble avoir placés de loin en loin, à travers les
siècles, comme des flambeaux destinés à éclairer la

marche des peuples, Donoso Cortès, véritable prophète,
que M. Guizot compare à Jérémie :

« La tendance actuelle nous mène infailliblement à
« la constitution d'un pouvoir démagogique, païen dans
« sa constitution et *sataniqae* dans sa grandeur. L'avène-
« ment de ce pouvoir colossal pourra être retardé par
« l'inconséquence des hommes et la miséricorde divine ;
« mais, si la société ne change pas de route, cet avène-
« ment, malgré les vents contraires qui règnent au-
« jourd'hui en Europe, me paraît inévitable dans un
« avenir très rapproché. »

« Le monde marche à grand pas, s'écriait-il encore
« dans un discours prononcé à la Chambre espagnole,
« à la constitution d'un despotisme le plus gigantesque
« et le plus destructeur que les hommes aient jamais vu.
« .... Pour annoncer ces choses, je n'ai pas besoin d'être
« prophète ; il me suffit de considérer l'ensemble
« des événements humains de leur vrai point de vue,
« des hauteurs catholiques. . . . .

. . . .

« Les voies sont préparées pour une tyrannie gigan-
« tesque, colossale, universelle, immense.... Une seule
« chose pourrait arrêter la catastrophe, une seule, ce
« serait de travailler, chacun selon ses forces, à pro-
« voquer une salutaire réaction religieuse. Cette ré-
« action est-elle possible? Oui, mais est-elle probable ?
« C'est avec une tristesse profonde que je le dis ici :
« je ne la crois pas probable..... »

On le voit, pour Donoso Cortès la contre-révolution

pure et simple s'impose à toute conscience chrétienne
comme un devoir sacré; mais, hélas! l'éminent philoso-
phe semble dire comme nous : *il est trop tard!*

« La société européenne se meurt, dit-il, les extrémi-
« tés sont froides, le cœur le sera bientôt.... Elle se meurt,
« ajoute-t-il encore, parce que Dieu l'avait faite de la
« substance catholique et que les médecins empiriques
« lui ont donné pour aliment la substance rationaliste.
« La catastrophe qui approche sera, dans l'histoire, la
« catastrophe par excellence. Les individus peuvent se
« sauver encore, mais la société est perdue. [1] »

Nous avons la douleur de partager ces sinistres pres-
sentiments. Il faudrait, pour sauver l'Europe, arrêter ce
mouvement antichrétien qui se manifeste depuis la fin
du XIIIe siècle, et que nous appelons la Révolution ; il
faudrait remonter le courant des idées modernes ; dé-
sabuser les intelligences et les cœurs des séductions de
la fausse liberté, connue aujourd'hui sous le nom de
libéralisme ; ramener les nations de l'Europe dans le
glorieux giron de l'Église, dont elles se sont écartées;
il faudrait, en un mot, faire la contre-révolution en
christianisant de nouveau l'Europe.

Pour opérer ce prodige, le génie d'un Constantin ou
d'un Charlemagne ne suffirait pas, il faudrait l'inter-
vention éclatante de la toute-puissance de Dieu.

Mais rien ne saurait ébranler la foi et la confiance du
chrétien. Le triomphe de la Révolution est prédit dans

---

1. Lettre aux rédacteurs du *Pays* et du *Herald.*

les Écritures, sous le nom de règne de l'Antechrist;
mais il est dit aussi que ce règne infernal sera le signe
avant-coureur et prochain du second avènement du
Sauveur et du triomphe éternel de Dieu.

Telle est au point de vue historique, l'idée que nous
devons nous faire de la Révolution.

Au point de vue doctrinal, elle est assurément la
grande hérésie annoncée par saint Paul, hérésie générale
et absolue qui sera l'hérésie propre et particulière de
l'Antechrist, et à laquelle nous pouvons déjà donner son
vrai nom en l'appelant l'*anti-christianisme.*

Le Christianisme repose, en effet, sur un double fon-
dement, le sacerdoce et la royauté de Jésus-Christ. Le
Verbe de Dieu, en venant en ce monde, a reçu de Dieu
le Père une double mission : *réconcilier* la terre avec le
ciel, là est la raison de son sacerdoce ; *assujettir* le monde
à son empire, là est la raison de sa royauté.

Le Christianisme n'est donc autre chose que l'alliance
intime et surnaturelle de Dieu avec l'homme, accomplie
d'abord dans la personne du Verbe incarné et rétablie
au sein de l'humanité par le ministère du Christ et de
l'Église ; c'est, en d'autres termes, la cohésion de l'ordre
naturel et de l'ordre surnaturel, de la nature et de la
grâce, de la Raison et de la Foi, et, dans l'ordre social,
de l'Etat et de l'Église. Mais cette alliance surnaturelle,
cette cohésion ineffable repose sur la subordination de
l'élément naturel et humain à l'élément surnaturel et
divin.

Or, la Révolution oppose d'abord au dogme fondamental de la royauté du Sauveur, ou, si l'on veut, au principe de la sujétion absolue de toute créature au Verbe fait chair, la doctrine toute satanique de l'indépendance absolue de la créature humaine. Cette théorie sacrilège n'est autre chose que le *libéralisme* [1].

Mais, après avoir repoussé la royauté du Sauveur, la Révolution rejette son sacerdoce. Elle prétend que

1. Cette définition du libéralisme pourra surprendre plus d'un lecteur. Nous la croyons cependant d'une exactitude rigoureuse, bien que le mot *libéralisme* serve surtout, dans le langage ordinaire, à désigner le système d'après lequel l'ordre social ne relève en rien de l'ordre divin et revélé. « Je ne connais pas, en français, de terme unique pour dire amour « corrompu de la liberté, ou amour de la liberté corrompue, dit le docte « abbé Chesnel. (*Les droits de Dieu et les idées modernes*, t. II, p. 449.) « Avec sa finale docte et maladive, libéralisme exprime assez bien cette « grande erreur qui est aussi une violente passion. » Un peu plus loin, le même auteur ajoute : « Le libéralisme est l'erreur de ceux qui, mécon- « naissant les droits absolus de Dieu sur sa créature, veulent nous en « affranchir comme d'un esclavage insupportable. L'individu, la famille « qui rejette cette dépendance ou la relâche, ou l'amoindrit, fait acte « de libéralisme. Le libéralisme accueille volontiers tous les systèmes, « toutes les religions, pourvu qu'il n'y soit pas question de la souve- « raineté divine ; qu'on n'y subordonne pas l'ordre naturel à l'ordre « surnaturel, et que, sous prétexte d'une mission dont le terme final est « dans l'autre vie, on n'admette aucun pouvoir qu'aurait l'Eglise d'exer- « cer, au nom du Christ redempteur, une autorité quelconque sur la « société temporelle. Incompétence de Dieu et de l'Eglise dans les « choses humaines, pleine indépendance de l'homme dans ses propres « affaires et, surtout, le gouvernement de sa vie sociale, voilà le libéra- « lisme, vaste erreur et très profonde, qui s'attaque à Dieu d'abord et « à sa souveraine providence pour renverser sûrement l'Etat et l'Eglise. » En un mot, tout le libéralisme est contenu dans le *non serviam* de Lucifer. Dans un sens large, il s'applique à toute doctrine qui a pour but de soustraire l'homme ou la créature à l'autorité absolue et souve- raine de Dieu ; dans un sens restreint, c'est, comme nous l'avons dit plus haut, le système d'après lequel la Société civile ou l'Etat ne dépend en rien de Dieu, et ne reconnaît d'autres droits à sauvegarder et à défen- dre que les droits de l'homme, qui sont, à ses yeux, la source unique de son autorité. Erreur monstrueuse, que le paganisme lui-même n'avait pas soupçonnée !

l'homme peut et doit se renfermer dans l'ordre purement naturel, à l'exclusion de tout ordre surnaturel et
divin. Elle repousse par conséquent l'alliance de Dieu
avec l'homme, de la nature et de la grâce, de la raison
et de la foi, de l'Etat et de l'Eglise, alliance ineffable et
surnaturelle, qui constitue, nous l'avons dit, l'essence
du christianisme. Cette erreur, non moins satanique,
s'appelle le *naturalisme* [1].

Mais là ne s'arrête pas le dévergondage de ses doctrines. Dans l'ordre religieux, politique , philosophique
et social, elle *substitue* l'autorité de l'homme, les droits
de l'homme, la souveraineté absolue de l'homme, à l'autorité, aux droits, à la souveraineté de Dieu.

Le dernier mot des doctrines de la Révolution n'est
donc autre chose que l'homme substitué à Dieu.

On a vu, au milieu des orgies sanglantes de la Révolution française , des créatures innommées monter
sur les autels profanés de Jésus-Christ pour y rece-
voir l'encens et les hommages qui ne sont dus qu'à
Dieu.

C'est là un prélude et une sorte d'avant-goût des
sacrilèges audaces du héros de la Révolution qui s'ap-
pellera l'Antechrist. L'Europe, qui aura repoussé Jésus-
Christ, sera condamnée à adorer Satan lui-même et à
subir son joug infernal. Voilà ce qu'on verra avant la
fin des siècles ; voilà la conséquence pratique du libé-

---

1. Lire la *troisième Instruction synodale sur les principales erreurs
du temps présent du Cardinal Pie, évêque de Poitiers.*

ralisme et du naturalisme, ces deux formes de la grande hérésie révolutionnaire, l'Antichristianisme.

Il est temps d'indiquer et de préciser le rôle et la nature de la Révolution française dans le grand mouvement antichrétien qui s'appelle la Révolution.

II

LA RÉVOLUTION FRANÇAISE

ET

L'ORDRE SOCIAL CHRÉTIEN

———◦✕◦———

Le comte J. de Maistre écrivait à Madame la marquise de Costa, pendant la tourmente révolutionnaire : « Il « faut avoir le courage de l'avouer, Madame, long- « temps nous n'avons point compris la révolution dont « nous sommes les témoins ; longtemps nous l'avons « prise pour *un événement;* nous étions dans l'erreur : « c'est *une époque.* » ˙

L'illusion signalée par l'éminent écrivain est encore, après un siècle, l'erreur d'un trop grand nombre d'esprits, d'ailleurs distingués. On ignore trop communément encore dans notre siècle la Révolution Française qui en domine l'histoire, et qui servira à marquer une *époque* dans les annales de l'humanité.

Quel est donc le caractère spécial et distinctif de la Révolution Française ? Le voici en un seul mot.

La Révolution Française n'a été autre chose, en Europe, que le triomphe de la révolution sociale inaugurée par Philippe le Bel, dès la fin du xiiie siècle, poursuivie par le Gallicanisme, favorisée par les influences du Protestantisme et du Rationalisme, consommmée enfin par la fameuse déclaration des droits de l'homme, la sécularisation de la société civile et la proclamation des principes sociaux de 89.

Cette révolution servira à marquer dans l'histoire l'heure précise de l'apostasie des nations européennes. Elle a porté le dernier coup à la vieille chrétienté. Elle a prétendu élever sur les ruines de la société chrétienne une société nouvelle, entièrement opposée à la première, qu'on appelle aujourd'hui la société moderne.

Là est, à notre avis, l'essence de la Révolution Française.

On fit en 1789 pour la société civile ce que les philosophes rationalistes du xviiie siècle avaient fait pour la raison humaine : on la *sécularisa;* c'est-à-dire on prétendit briser les rapports de subordination qui existaient, dans l'ordre spirituel, entre l'État et l'Église. Le naturalisme social fut consommé, car on rompit alors cette *cohésion nécessaire* qui, par la volonté de Dieu, selon l'expression du grand et saint Pie IX, lui-même [1], unit dans l'ordre social, comme en tout le reste, l'ordre de la nature et celui de la grâce, et qui constitue l'essence même du christianisme.

La société civile, ainsi soustraite à l'autorité de Dieu, de J.-C. et de l'Église, dut chercher en elle-même la source du principe d'autorité nécessaire à son exis-

---

1. Allocution prononcée dans le consistoire du 9 juin 1862.

tence. Jusqu'à cette époque, les peuples considé-
raient Dieu comme la source suprême d'où dérivait le
pouvoir. Dans l'antique monarchie française le Roi était,
aux yeux de la nation le représentant et le mandataire
de Dieu, le dépositaire de son autorité pour le juste
gouvernement temporel de la société.

A partir de 89, l'homme prit la place de Dieu, la souveraineté du peuple fut substituée à la suprême souveraineté de Dieu, et le Roi ne fut désormais, aux yeux de
ses sujets, que leur délégué et leur mandataire. On
plaça, à la base de l'édifice social nouveau, aux applau-
dissements du peuple souverain ivre de son apothéose,
le fameux principe de la souveraineté nationale qui est
devenu la base de toutes les constitutions civiles du
monde moderne.

« La Révolution, dit un célèbre professeur à l'univer-
« sité de Berlin, Stahl, est un système universel, une
« théorie radicale qui, à partir de 1789, prétend s'im-
« poser aux esprits comme aux volontés des nations, et
« définir les lois de la vie publique. Elle a pour but de
« constituer tous les États sous la seule volonté de
« l'homme, à l'exclusion du droit divin. Son dogme
« fondamental est que l'autorité, le pouvoir ne vient
« nullement de Dieu, mais de l'homme, mais du peuple,
« et, partant, que l'ordre social n'a pas pour règle les
« les commandements divins, mais les volontés arbi-
« traires de l'homme et des nations [1].

---

1. *La Révolution*, par M. Stahl, professeur à l'université de Berlin.

« L'ancienne société, s'écriait de son côté, il y a deux
« ans à peine, du haut de la tribune française, un homme
« qui a quelque droit à la reconnaissance des catholiques,
« M. Lamy, l'ancienne société était fille du dogme, la
« divinité des pouvoirs du Roi était le premier article de
« loi de ce monde ancien..... *C'est contre cela que s'est*
« *faite la Révolution Française.* Elle a enlevé le pouvoir
« de son trône divin [1]. »

Oui, répétons-le encore, ce qu'a voulu, ce qu'a re-
cherché la Révolution Française, ç'a été l'affranchisse-
ment de l'ordre social vis-à-vis de l'ordre surnaturel et
révélé, l'émancipation complète de l'État vis-à-vis de
l'Église, et, comme conséquence directe de cette sécularisation, les trois fameuses libertés qui constituent
l'ensemble des célèbres conquêtes de 89 : la liberté de
conscience, la liberté de la presse, la liberté de l'enseignement.

Nous aurions à nous expliquer sur ces libertés impies
et sacrilèges dans leur principe, désastreuses dans leurs
conséquences. Ce n'est pas ici le lieu de le faire, et
nous prions le lecteur avide de s'instruire d'aller chercher cette explication importante dans le très remar-
quable ouvrage de M. l'abbé Chesnel, intitulé : *Les droits
de Dieu et les idées modernes.*

Quand la Révolution a décapité Louis XVI, c'est
l'antique royauté chrétienne qu'elle a prétendu abolir à
tout jamais ; dans un sens plus entendu, mais non moins

---

1. Discours prononcé à la Chambre des députés, le 26 juin 1879.

vrai, c'est la souveraineté de Dieu lui-même qu'elle a voulu supprimer.

Telle a été la portée immense du crime du 21 janvier, qui est, on peut le dire, l'expression parfaite et éclatante de l'idée de la Révolution Française.

Cette idée était en germe dans les vieilles doctrines gallicanes. On sait que le Gallicanisme, d'après l'historien Fleury lui-même, consistait en ces deux maximes erronées : « le Pape, comme tel, est subordonné au « jugement du concile général; le Roi, comme tel, n'est « pas subordonné au jugement du Pape. »

La première de ces maximes est relative à la constitution de l'Église. Le Concile du Vatican, par la proclamation du dogme de l'infaillibilité personnelle du Pontife Romain, en a fait pleine justice. Mais la seconde, relative aux rapports de l'Église et de l'État, peut être considérée comme la mère du libéralisme contemporain. Elle a préparé les voies aux théories sociales de la Révolution Française.

Le vieux gallicanisme disait : le Roi, comme tel, est indépendant du Pape ; la Révolution Française a dit : l'État, comme tel, est indépendant de Dieu, de Jésus-Christ et de l'Église.

Voilà les liens de parenté qui existent entre les anciens gallicans et les modernes libéraux, et la raison des sympathies que ces derniers manifestent en maintes circonstances à l'égard de l'ancienne école gallicane.

L'Etat moderne s'accommoderait fort bien, pour le moment, d'un clergé disposé à professer les quatre arti-

cles de la déclaration de 1682 ; mais il ne peut supporter
un clergé ultramontain. Quand le chef de l'opportu-
nisme s'écriait, il y a trois ans : « le Cléricalisme, voilà
l'ennemi ! » et qu'il se défendait du reproche de vou-
loir attaquer la religion, beaucoup de catholiques ne
comprenaient point cette distinction subtile entre le
cléricalisme et la religion. Elle était cependant réelle
dans la pensée du chef des gauches. Sous le nom de
cléricalisme, il proscrivait les doctrines ultramontaines
et prétendait provoquer une séparation dans les rangs
du clergé et des fidèles sur le terrain des doctrines religieuses relatives à l'ordre social.

C'est ainsi que les organes de la Révolution, par les
théories sociales qu'ils s'appliquent à faire prévaloir définitivement en Europe, amènent forcément la discus-
sion sur le terrain des questions religieuses relatives à
la société.

Le Christianisme a-t-il, oui ou non, proclamé, ensei-
gné au monde des doctrines sociales?

Ces doctrines font-elles parties de ce dépôt de la Foi
confié à l'Église, et dont aucun fidèle ne peut abandonner la plus légère partie, sans se rendre coupable
d'un commencement d'apostasie?

Les doctrines sociales proposées par le libéralisme
révolutionnaire et proclamées par la Révolution Française sont-elles compatibles avec les doctrines professées
depuis dix-huit siècles par le Christianisme, et un catholique peut-il, par conséquent, les accepter en conscience?

Telles sont les graves questions posées devant notre siècle par la Révolution Française et le libéralisme contemporain.

Eh bien! nous n'hésitons pas à le dire, tout en soumettant, de la manière la plus absolue, notre assertion au jugement de l'Église. Oui, nous croyons que le Christianisme a proclamé dans le monde des doctrines sociales; oui, nous croyons que ces doctrines font partie du dépôt de la Foi ; oui, nous sommes convaincus qu'un catholique ne peut les abandonner, et professer les doctrines, absolument contraires, proclamées par la Révolution Française, sans pécher contre la Foi.

Un examen sommaire des doctrines sociales enseignées par le Christianisme suffira pour en convaincre tout lecteur attentif.

La société humaine n'est pas, comme l'a dit J.-J. Rousseau [1], le résultat de la libre détermination des hommes qui, après avoir vécu, dans l'origine, à l'état sauvage, ont résolu un jour de se réunir et de se constituer en société ; elle est dans la nature de l'homme, et c'est Dieu qui, étant le créateur de l'homme, est également le créateur de la société.

Cette vérité apparaît clairement, soit que l'on considère, à la lumière de l'histoire, l'origine de la société, soit que l'on étudie les éléments essentiels qui la constituent.

L'histoire nous dit, en effet, que Dieu, après avoir

---

1. *Contrat social.*

créé l'homme, a créé la femme, et a constitué ainsi directement lui-même la société domestique, et que celle-ci est le germe de la société civile.

« Le développement naturel d'une famille primitive, « dit l'éminent abbé Chesnel, reliant en faisceau les « nombreuses familles dont elle est mère, ce dévelop- « pement, dis-je, de la paternité qui grandit jusqu'au « patriarchat, du patriarchat qui s'élève jusqu'à la « royauté, nous explique avec autant de simplicité que « de vraisemblance comme se sont formées d'abord les « plus vieilles nations [1]. »

Si, de l'examen de la première origine de la société humaine, nous passons à l'étude de ses éléments essentiels et constitutifs, la même vérité nous apparaîtra d'une manière plus éclatante encore.

Chaque peuple constitue une personne morale : or, de même que toute personne se compose de deux éléments essentiels, l'âme et le corps, ou, pour parler le langage de l'École, *la matière et la forme*, de même aussi toute société civile, toute société humaine doit posséder ces deux éléments constitutifs.

Rien n'est plus facile que de les y découvrir. Les hommes qui composent la société en sont la matière ; l'autorité qui les unit en est la forme.

Or, ce double élément constitutif de la société humaine ne peut venir que de Dieu. Les hommes qui en sont la matière en viennent par voie de création ; l'autorité qui en est la forme, par voie de délégation.

1. *Les droits de Dieu et les idées modernes*, t. Ier, p. 107.

La société humaine est donc l'œuvre de Dieu. Elle dépend donc de Dieu, son créateur et maître, de la manière la plus absolue.

Comment concilier ce principe premier et fondamental de l'ordre social chrétien avec les prétentions de l'État sécularisé, tel que l'a constitué la Révolution Française?

Si le principe que nous venons d'énoncer est vrai, le libéralisme social croule déjà par la base.

Mais le Christianisme enseigne autre chose.

Dieu, ayant envoyé son Fils unique, la seconde personne de la très sainte et adorable Trinité, pour racheter le monde et le réconcilier avec lui, ne lui a-t-il pas délégué d'une manière spéciale ses droits absolus sur la création toute entière et sur les sociétés humaines, sur les nations en particulier?

S'il est vrai que Dieu, en envoyant son Fils éternel sur la terre, ne l'ait point constitué roi de toute la race humaine, et en particulier des nations; s'Il a dispensé l'État ou la société civile d'entrer librement dans le plan général de la Rédemption et dans le giron de la sainte Église catholique, nous consentons à nous taire, nous déposons à l'instant la plume, et nous reconnaissons avec les libéraux que la société civile peut impunément se séculariser et se déclarer indifférente vis-à-vis de la religion de Jésus-Christ. Mais qu'on nous montre, soit dans les saintes Écritures, soit dans les monuments de la tradition, la formule de cette dispense! qu'on établisse, par des arguments théologiques, la doctrine du libéralisme contemporain, en repoussant, à l'aide de ces mêmes arguments, la thèse de la royauté universelle et absolue de Notre-Seigneur Jésus-Christ!

Il est impossible à un esprit sérieux d'essayer même une simple justification des théories sociales de la Révolution Française devant la conscience chrétienne.

On parle volontiers dans notre siècle de l'*indépendance* absolue et réciproque de l'Église et de l'État. Il faudrait, à notre avis, bien s'entendre sur le sens véritable de cette expression. Sans doute, l'État est indépendant de l'Église dans la sphère des choses purement temporelles ; mais l'Église n'a jamais proclamé le principe de son indépendance dans la sphère des choses spirituelles, ou qui, étant par elles-mêmes simplement temporelles, se rattachent cependant directement ou indirectement à l'ordre spirituel. L'indépendance de l'État vis-à-vis de de l'Église est donc réelle dans une certaine mesure, mais elle n'est point absolue, elle est simplement relative aux choses qui appartiennent à l'ordre purement temporel.

Faut-il en donner une preuve, entre mille, tirée de l'essence même du Christianisme ?

Jésus-Christ, en venant élever l'homme à la fin surnaturelle pour laquelle il a été créé, n'a point voulu déroger aux lois de la nature humaine. L'édifice de la grâce, en venant se surajouter à celui de la nature, n'a point détruit ce dernier. Bien plus, les lois de l'ordre de la grâce semblent calquées sur celles de l'ordre de la nature.

De même, en effet, que c'est une des lois de la nature que l'homme naisse, se développe, grandisse, atteigne

sa fin naturelle par la société domestique d'abord, par la
société civile ensuite ; de même, c'est une loi de l'ordre
surnaturel de la grâce que l'homme n'y pénètre, ne s'y
développe, n'y atteigne sa fin surnaturelle que par le
ministère de la société religieuse fondée par le Sauveur
lui-même et qui s'appelle l'Église catholique.

Mais il est clair que si l'ordre de la nature, dans le
plan du Christianisme, est subordonné à celui de la
grâce, si la vie du temps est subordonnée à la vie de
l'éternité, si notre fin naturelle est subordonnée à notre
fin surnaturelle, la société domestique et la société civile,
qui n'ont l'une et l'autre pour but direct que notre développement dans l'ordre naturel, sont subordonnées,
d'une manière générale, à la société religieuse ou à
l'Église qui appartient, par sa nature même, à l'ordre de
la grâce, et qui a pour but direct de nous faire atteindre
notre fin surnaturelle.

Qu'on ne dise donc plus que l'Etat peut se déclarer
absolument indépendant de l'Église! Cette prétention
sacrilège est une des formes les plus dangereuses du
naturalisme, cette erreur capitale de la Révolution, que
notre grand et immortel Pie IX a si fortement stigma-
tisée [1].

Que l'Etat ait sa sphère propre d'action dans laquelle
l'Eglise ne doive point s'ingérer, nous en sommes
d'accord. L'Eglise ne prétend s'occuper des choses tem-

---

1. S. E. le Cardinal Pie, évêque de Poitiers, 3mo *Instruction synodale
sur les principales erreurs du temps présent*.

porelles, en ce qui regarde les nations comme les individus, qu'autant que ces choses temporelles ont un
rapport avec l'intérêt spirituel des âmes. Que la société
civile, par exemple, soit constituée sous la forme mo-
narchique ou républicaine; qu'elle soit administrée à
l'intérieur de telle ou telle façon ; qu'elle agisse de telle
ou telle manière dans ses relations extérieures, qu'importe à l'Église !

Si elle a des préférences pour certaines formes de
gouvernement qu'elle peut juger plus favorables à l'intérêt des peuples, elle les accepte toutes néanmoins. Il
y avait jadis, au sein de la chrétienté qu'elle avait for-
mée elle-même, des républiques florissantes à côté de
monarchies glorieuses. Mais si, dans la gestion de ses
affaires intérieures ou extérieures, l'Etat vient à violer
les lois de la justice, s'il porte atteinte aux intérêts spi-
rituels des âmes, l'Eglise a le droit et le devoir d'inter-
venir aussitôt et de réprimer les abus du pouvoir ou ses
empiètements sacrilèges. La conscience des rois, comme
celle des sujets, est soumise à son autorité, et les crimes de
la politique ne sauraient échapper à ses condamnations.

Nous entendons dire quelquefois : l'Eglise ne s'occupe
pas de la politique, elle est étrangère à la politique.
Erreur profonde ! Sans doute, la politique n'est point
son affaire propre ; mais qui oserait nier qu'elle n'ait le
droit et le devoir de juger les actes de la politique humaine pour les approuver ou les condamner, selon qu'ils
sont conformes ou contraires aux lois de la justice et
aux droits de la vérité?

L'Eglise, en vertu de sa pleine souveraineté dans l'ordre spirituel, a un pouvoir indirect sur l'ordre temporel.

Ce fut de tous temps la doctrine de l'Eglise :

« La puissance séculière, dit saint Thomas d'Aquin, « est subordonnée à la puissance spirituelle, comme « le corps est subordonné à l'âme, et c'est pourquoi son « jugement sur elle n'est point usurpé [1]. »

Contentons-nous ici de citer le prince des théologiens et des docteurs, en qui on entend toute la tradition chrétienne.

L'Eglise s'appliqua d'abord à conquérir des âmes à Jésus-Christ, mais l'heure vint où elle put lui conquérir des nations. Les individus d'abord, les peuples ensuite, entrèrent dans son giron maternel. La France fut baptisée la première. Durant quatorze siècles, elle a porté le nom de fille aînée de l'Eglise. En 1789, elle a apostasié comme nation, et, en se sécularisant, elle a donné l'exemple et le signal de l'apostasie à toutes les nations catholiques de l'Europe.

Une immense révolution sociale s'est accomplie. Sur les ruines de la vieille Europe chrétienne, la Révolution a prétendu bâtir une Europe nouvelle. Elle a nié les principes sociaux proclamés jadis par le Christianisme, et qui avaient été la base des sociétés civiles au moyen âge ; elle a proclamé des principes sociaux absolument contraires et qui sont la conséquence de l'athéisme.

1. 2ᵃ 2ᵉ 9, 60, art. 6, ad. 3.

Les théories sociales de la Révolution Française constituent, à notre avis, une véritable hérésie. Qu'on ne s'imagine pas que la Révolution française a inauguré une ère de liberté ; non, c'est une ère de libéralisme, ce qui est bien différent.

Nous sommes convaincus qu'une immense persécution religieuse commence en Europe, elle commence sur le terrain des vérités sociales.

Il est dit que l'avènement de l'Antechrist sera précédé de l'apostasie des nations. Plaise à Dieu que nous-mêmes nous n'ayions jamais à nous reprocher d'avoir sacrifié aux idées régnantes du libéralisme quelque chose des vérités religieuses et sociales qui font partie du précieux dépot de la Foi !

ULTRAMONTAINS

ET

LIBÉRAUX

Il n'est pas un dogme chrétien qui n'ait trouvé dans le cours des siècles d'ardents et d'obstinés contradicteurs. Des hérésies se sont produites sur chacune des vérités enseignées par l'Église, et ce sont elles qui, successivement, ont provoqué la définition solennelle des divers articles de notre Foi.

Les vérités sociales enseignées par le Christianisme ne pouvaient échapper à cette loi générale. Elles aussi ont soulevé des colères, provoqué d'ardentes contradictions, donné naissance à une hérésie particulière qui s'est appelée autrefois *le Gallicanisme* et qui s'appelle *le libéralisme* aujourd'hui.

On connaît l'histoire de l'hérésie gallicane, les divisions profondes qu'elle provoqua, au sein de l'Église de France, pendant de longs siècles. Mais ce que l'on n'a peut-être pas assez constaté, c'est que les vieilles idées gallicanes, cachées sous le nom d'idées libérales, subsisent encore au milieu de nous. Les gallicans s'appellent aujourd'hui les libéraux. Et les catholiques, aujourd'hui comme autrefois, sont encore divisés en deux écoles bien distinctes : l'école ultramontaine et l'école catholico-libérale.

Il faut dire toutefois, à la louange des catholiques libéraux, qu'ils se sont séparés de l'ancienne école gallicane sur le terrain des vérités relatives à la constitution de l'Église, bien qu'on ne puisse pas oublier cependant les déplorables préventions qu'ils ont manifestées, pendant le Concile du Vatican, à l'égard du dogme de l'infaillibilité du Pontife Romain, et les sottes manœuvres auxquelles ils n'ont pas craint d'avoir recours pour en empêcher la définition.

Mais, quoi qu'il en soit, si la soumission de quelques-uns des membres de cette école aux décisions irrévocables du Concile a été timide et tardive, il n'est permis à personne de dire qu'elle n'ait pas été complète.

Il n'y a donc plus la moindre division parmi nous sur la question de la divine constitution de l'Église ; mais il n'en est pas de même sur la question sociale.

Les fameux principes sociaux de 89 ont été non seulement acceptés, mais professés publiquement et avec enthousiasme par une partie notable des catholiques, en France et en Europe.

Ils ont célébré les conquêtes de 89, tout en réprouvant les crimes horribles de 93, comme si les excès de la Révolution n'étaient point la conséquence directe et inévitable de ses principes.

Nous avons indiqué plus haut les rapports étroits qui

existent entre l'idée de la Révolution Française et le crime du 21 janvier. Qu'il est grand le nombre des catholiques qui ne les ont pas aperçus ! On a vu des écrivains flétrir les bourreaux de Louis XVI de la même main avec laquelle ils venaient de célébrer, sans s'en rendre compte, il est vrai, la sécularisation de la société civile, la proclamation des droits de l'homme et l'apostasie nationale consommée en 1789.

Que n'a-t-on pas dit, parmi nous, à la louange de la Révolution Française ? M. de Falloux l'a déclarée *immortelle ;* le P. Gratry a dit « qu'elle avait ses lointaines prémisses dans l'Évangile [1] ». La plupart des catholiques, à la suite de l'ancien évêque d'Orléans, Mgr Dupanloup [2], ont déclaré qu'*ils prenaient au sérieux, qu'ils acceptaient franchement, qu'ils proclamaient et invoquaient pour eux comme pour les autres ces fameuses libertés, ces grandes conquêtes de* 89, qui sont la conséquence directe de l'apostasie nationale.

« Tandis que la presse impie et rationaliste », disait, en 1862, l'éminent docteur de la question sociale, S. E. le Cardinal Pie, « proclame *la sécularisation* désormais « absolue des lois, de l'éducation, du régime admini- « stratif, des relations internationales et de toute l'éco- « nomie sociale, comme étant le fait et le principe « dominant de la société émancipée de Dieu, de Jésus- « Christ et de l'Eglise, nous avons vu surgir, sous

. 1. Discours de réception à l'Académie.
2 De la pacification religieuse.

« l'empire de préoccupations honnêtes et estimables,
« des adeptes inattendus de ce système nouveau. Des
« chrétiens ont paru penser que les nations n'étaient
« pas tenues, au même titre que les particuliers, de
« s'assimiler et de professer les principes de la vérité
« chrétienne; que des peuples incorporés à l'Eglise
« depuis le jour de leur naissance pouvaient légitime-
« ment, après une profession douze ou quatorze fois
« séculaire du Christianisme, abdiquer le baptême na-
« tional, éliminer de leur sein tout élément surnaturel,
« et, par une déclaration solennelle et retentissante, se
« replacer dans les conditions de ce qu'ils croient être
« le droit naturel; enfin, que la génération héritière de
« celle qui aurait accompli, en tout ou en partie, cette
« œuvre de déchristianisation légale et sociale, pouvait
« et devait l'accepter, non pas seulement comme une
« nécessité, mais comme un progrès des temps nou-
« veaux, que dis-je, comme un bienfait même du chris-
« tianisme, lequel, après avoir conduit les peuples à un
« certain degré de civilisation, devait se prêter volontiers
« à l'acte de leur émancipation, et s'effacer doucement
« de leurs institutions et de leurs lois, comme la nour-
« rice s'éloigne de la maison, quand le nourrisson a
« grandi. Conséquemment à cela, ils ont déclaré que le
« droit essentiel du Christianisme ne s'étendait point
« au delà d'une part relative dans la liberté commune
« et dans l'égale protection due à toutes les doctrines.
« Ils ont été jusqu'à demander à l'Eglise de descendre
« dans les replis de sa conscience, d'examiner si elle

« avait été juste par le passé envers la liberté, et, dans
« tous les cas, de comprendre que, puisqu'elle s'accom-
« modait aujourd'hui de la facilité laissée à ses défen-
« seurs, elle ne pouvait, sans ingratitude et déloyauté,
« refuser de sanctionner à l'avenir, partout et toujours,
« ce système de libéralisme, à la faveur duquel on pou-
« vait encore plaider sa cause, à l'heure présente [1]. »

Qui ne connaît les chefs de cette pléïade d'esprits
d'élite et de cœurs généreux, à laquelle fait allusion le
grand évêque, qui saluaient, il y a quarante ans, avec
tant d'enthousiasme ce qu'ils appelaient, dans l'ivresse
de leur illusion libérale, l'alliance de l'Eglise et de la
liberté?

Ils ont sans doute vaillamment et généreusement
combattu, pour l'Eglise et la vérité, sur le terrain des
libertés publiques. La fameuse question de la liberté
d'enseignement fut surtout le champ de bataille sur
lequel ils déployèrent leur zèle ardent et les ressources
de leur magnifique talent; mais ils oublièrent trop
souvent, dans les ardeurs de la lutte, l'importance et
l'absolue nécessité de la sauvegarde des principes

« Une grave erreur les a séduits, dit l'éminent abbé
« Chesnel. Passionnés pour la justice, ils ont cru dé-
« fendre sa cause en mettant sur le même pied les in-
« crédules et les fidèles, n'attribuant de droits à ceux-ci
« qu'en vertu de leur assimilation avec ceux-là. Pour
« eux, toute inégalité était injuste, tout privilège in-

---

1. *Œuvres*, t. V, p. 172, 173.

« supportable. Il leur a semblé plus chevaleresque que
« la vérité acceptât la lutte sur le terrain choisi par ses
« ennemis; que, d'un commun accord, on passât sous
« silence les droits de Dieu pour ne livrer bataille qu'au
« nom des droits de l'homme; que la liberté de con-
« science invoquée par les réformateurs du xvie siècle
« devînt, sous le nom de libéralisme, la principale devise
« des catholiques du dix-neuvième. Ils ont cru que cette
« tactique était en même temps la plus habile; ils ont
« publiquement désavoué leurs pères qui l'avaient mé-
« connue; et, en voyant l'arche chancelante, ils s'ima-
« ginèrent qu'elle ne pourrait plus continuer sa marche,
« à moins d'être soutenue par leurs mains [1]. »

Nous n'avons pas ici à discuter, au nom de la Foi et
de la raison, ces étranges prétentions. Qu'il nous suffise
de rappeler que l'expérience des dix dernières années
surtout a donné, au point de vue religieux comme au
point de vue politique, le plus éclatant démenti aux
illusions libérales.

Qu'on écoute encore une des éloquentes leçons
données à la génération contemporaine, il y a quelques
années, par le grand évêque de Poitiers. On nous saura
gré de reproduire ici cette page admirable, qui résume
toute la philosophie de l'histoire politique et même, à
certains points de vue, religieuse de notre temps, et dont
chacun de nous, à l'aide de ses souvenirs personnels,
peut faire le commentaire. Elle est d'une actualité sai-

---

1. *Les droits de Dieu et les idées modernes*, t. Ier, p. 168, 169.

sissante. Elle semble tombée de la plume d'un Père de
l'Église.

« L'évêque ne commet pas une usurpation, quand,
« placé comme une sentinelle pour observer l'esprit et
« la marche des temps, il dit à la génération qui l'en-
« toure ce qu'il faut penser d'elle, ce qu'elle doit craindre,
« ce qu'on peut espérer, et parce que nous avions plus
« d'une fois rempli cet office, aujourd'hui encore, pour
« être plus sûr d'associer notre jugement au jugement
« même de Dieu, nous emprunterons notre enseigne-
« ment aux oracles sacrés.

« Sommes-nous donc perdus, perdus sans ressource ?
« Et pourquoi toute porte de salut semble-t-elle se fer-
« mer devant nous ? C'est Isaïe qui va faire la réponse,
« c'est lui qui va caractériser la nature de nos méfaits
« et mettre en relief l'inanité de nos agitations.

« Qu'on le sache bien avant tout : la main du Seigneur
« n'est point raccourcie pour ne pouvoir plus sauver, et
« son oreille n'est point devenue plus dure pour ne plus
« entendre » : *Ecce non est abbreviata manus Domini, ut*
« *salvare nequeat, neque aggravata est auris ejus, ut non*
« *exaudiat.* Il y a toujours en Dieu la même puissance
« pour agir, la même facilité pour pardonner : « Mais la
« nature de vos iniquités a établi une séparation entre
« vous et votre Dieu, et le caractère de vos péchés le
« force à cacher son visage pour ne point vous écouter » :
« *Sed iniquitates vestræ diviserunt inter vos et Deum ves-*
« *trum, et peccata vestra absconderunt faciem suam a*
« *vobis ut non exaudiret.* Cette rupture entre vous et

« Dieu, c'est vous qui l'avez faite en disant à Dieu de se
« retirer, et en vous faisant forts d'opérer le salut en
« dehors de lui. « Vos lèvres se sont obstinées à parler
« le langage du mensonge, et votre langue à proférer
« avec emphase des systèmes qui ne sont, ni selon la
« vérité, ni selon la justice » : *Labia vestra locuta sunt*
« *mendacium, et lingua vestra iniquitatem fatur.* Voyez-
« les à l'œuvre, poursuit le prophète : dédaigneux envers
« nos enseignements qui sont les enseignements mêmes
« de Dieu, la recette dans laquelle ils ont mis leur con-
« fiance, c'est le rien, le néant, et leurs aphorismes sont
« des pauvretés cent fois mises à nu : *sed confidunt in*
« *nihilo, et loquuntur vanitates ;* d'où il résulte que leurs
« conceptions très laborieuses n'aboutissent qu'à des
« avortements ou plutôt qu'à des enfantements sinistres :
« *conceperunt laborem et pepererunt iniquitatem.* Tout
« le compte de leur actif se réduit à deux choses : « Ils
« ont cassé des œufs d'aspic et tissé des toiles d'arai-
« gnées » : *Ova aspidum ruperunt, et telas araneæ*
« *texuerunt.* Qu'entend par là le prophète ? *Ce que nous*
« *avons sous les yeux nous en rend l'intelligence trop*
« *facile.*

« Entendez-le, prudents et modérés de ce siècle, qui
« vous êtes faits les apologistes cauteleux et les mani-
« pulateurs avisés d'un principe condamné par la raison
« et par l'histoire, non moins que par la religion et par
« l'Église. On ne joue pas impunément avec le germe
« révolutionnaire. Cet œuf d'aspic est toujours funeste :
« Celui qui en mangera, en mourra » : *Qui comedent*

« *de ovis eorum, morietur* ; « et si on le couve, il en
« sortira un basilic » : *et quod confotum est, erumpet in*
« *regulum*. Le prophète sait ce qu'il dit ; il n'ignore pas
« les lois invariables de la nature d'après lesquelles
« toute espèce d'être engendre un semblable à lui ;
« mais il veut, par cette hardiesse de langage, nous
« apprendre qu'un principe mauvais produira des con-
« séquences sociales plus mauvaises encore, et qu'en
« cette matière les effets enchérissent inévitablement
« sur la cause. *Eh ! bien ! oui : le dernier mot de ce que*
« *nous voyons, c'est que ceux qui avaient mission de nous*
« *sauver ont mangé de cet œuf pernicieux, et qu'ils en*
« *meurent ; c'est qu'ils ont couvé cet œuf néfaste, et qu'il*
« *en est sorti des serpents dont les morsures n'épargneront*
« *personne : Qui comederit de ovis eorum, morietur, et*
« *quod confotum est, erumpet in regulum.*

« Disons tout : ils ont fait encore autre choses : *et ara-*
« *neæ texuerunt*, ils ont filé aussi des toiles d'araignée. »
« Mais, poursuit le prophète, ce sont là des toiles dont on
« ne se fait « point de vêtements : » *telæ eorum non erunt*
« *in vestimentis;* « combien moins s'en fera-t-on des cui-
« rasses contre la dent des ennemis dont on a favorisé
« l'éclosion et la multiplication ! Seigneur, a dit le
« psalmiste, vous avez appelé nos œuvres à comparaître
« devant votre justice, vous avez placé notre siècle sous
« l'éclair illuminant de votre visage : *posuisti sæculum*
« *nostrum in illuminatione vultus tui.* Regardés à la
« lumière de ce flambeau, tous nos jours n'ont été
« qu'une suite de défaillances ; et nous aurons beaucoup

« médité pour remplir nos années d'un labeur qui ne nous
« aura point profité, véritable travail d'araignée » : *omnes*
« *dies nostri defecerunt, et anni nostri sicut aranea medita-*
« *buntur*. En fin de compte, poursuit Isaïe, leurs œuvres,
« œuvres inutiles ; leurs conceptions, leurs combinai-
« sons, conceptions, combinaisons inutiles : *opera eorum,*
« *opera inutilia ; cogitationes eorum, cogitationes inutiles.*
« Ils n'ont point dirigé leurs pas dans le sentier marqué
« par le jugement doctrinal de l'église : *non est judicium*
« *in gressibus eorum;* ils se sont tracé à eux-mêmes des
« chemins tortueux et recourbés comme leurs esprits :
« *semitæ eorum incurvatæ sunt eis;* quiconque foule de
« pareilles routes, n'arrivera jamais à l'ordre et à la
« paix : *omnis qui calcat in eis, ignorat pacem.* Aussi,
« voyez : nous attendions la lumière, et nous voilà
« enfoncés plus que jamais dans les ténèbres ; on nous
« annonçait le grand jour, et nous marchons à tâtons,
« en palpant le long des murailles, comme des aveugles ;
« c'était le salut, et il s'est éloigné de plus en plus de
« nous : *expectavimus lucem, et ecce tenebræ; splendorem,*
« *et palpavimus sicut cœci parietem ; salutem, et elongata*
« *est a nobis* [1] »

Ces vérités peuvent paraître dures à entendre à certaines oreilles trop habituées au langage de la flatterie.
Ces fières et nobles indignations, cette rigide indépendance de caractère, cette vigoureuse éloquence appartiennent à un autre âge. Les prophètes, les écrivains

---

1. *Œuvres*, t. VIII.

sacrés, les Pères de l'Église parlaient ainsi. Notre siècle ne supporterait plus leur langage. Mais les amis de la vérité sont heureux et fiers d'en entendre retentir, dans nos malheureux temps, un lointain et éloquent écho.

Non, nous ne ferons rien de sérieux et de durable tant que nous n'aurons pas rétabli les bases de l'édifice social renversées par la Révolution Française. Ni le talent, ni l'habileté la plus consommée, ni le génie lui-même ne peuvent compenser l'absence des principes.

Il est une question posée devant notre siècle qu'il importe aux catholiques de résoudre avant de passer outre, sous peine de se condamner à l'impuissance : c'est la question sociale.

La Restauration, objet de tous nos vœux, doit commencer par la restauration des principes.

Il importe avant tout, d'opposer à la sacrilège déclaration des prétendus droits de l'homme la proclamation solennelle des droits de Dieu, de rappeler à l'Europe agonisante que la souveraineté de Dieu est la source unique de tous les droits et de toutes les souverainetés humaines, en un mot, de replacer à la base de l'édifice social l'autorité de Dieu méconnue. Il faut indiquer aux sociétés civiles coupables d'apostasie la route du retour au giron de l'Église, comme l'unique remède aux effroyables maux qui les menacent, et leur montrer clairement qu'elles n'ont d'autre alternative que de revenir dans les glorieuses voies du Christianisme ou de tomber définitivement sous le joug ignominieux de la Révolution, c'est-à-dire de Satan.

C'est parce qu'on a méconnu cette nécessité impérieuse que les tentatives de restauration sociale qui ont été faites dans notre siècle n'ont point abouti. Au lieu de s'efforcer de faire la contre-révolution pure et simple, on a cru généralement devoir poser le travail de la restauration sur nous ne savons quelle chimérique conciliation entre les principes sociaux chrétiens et les principes révolutionnaires du libéralisme moderne.

Les influences de l'école catholico-libérale ont prédominé parmi nous. Elles ont causé l'avortement universel de tous les généreux efforts qui ont été faits pour sauver l'Europe et la France. C'est elle qui doit porter, devant Dieu et devant l'histoire, la plus grande partie de la lourde responsabilité de nos malheurs.

Saurons-nous, du moins, profiter de la terrible leçon que Dieu nous donne? Comprendrons-nous enfin, comme l'a si bien dit le Fils de nos Rois, que « l'abandon des principes a été la vraie cause de nos désastres? » Voudra-t-on enfin reconnaître que le salut de la société européenne exige que la lumière pleine et entière se fasse sur la question sociale soulevée par la Révolution Française? ou bien sommes-nous condamnés à reprendre encore et toujours la même toile de Pénélope? à tourner invariablement dans le même cercle des idées et des principes de la Révolution?

Certes, l'expérience des expédients est faite. L'habileté humaine a donné la mesure de sa puissance. Nous obstinerons-nous toujours à demander à ses vains calculs ce que la vérité seule peut nous donner?

Le temps presse. La mort fait chaque jour des vides
dans nos rangs. Elle éteint les intelligences les plus
lumineuses ; elle frappe les cœurs les plus vaillants. La
nuit qui enveloppe de plus en plus l'Europe sera-t-elle
suivie bientôt d'une nouvelle aurore, ou bien est-elle
cette dernière nuit prédite dans les Saintes Ecritures,
durant laquelle il sera donné à la puissance des ténèbres
de prévaloir, et qui ne sera interrompue que par le
second avènement du Christ ?

Il est permis à l'intelligence humaine de se poser, en
ce moment, cette redoutable question. Mais, quelle que
soit la réponse qu'on lui donne, le devoir des chrétiens,
par rapport à la vérité, et surtout par rapport à la
question sociale, n'en demeure pas moins clairement
indiqué. Il leur a été dit depuis longtemps : « Marchez
comme de vrais fils de la lumière : *ut filii lucis
ambulate* [1]. »

Plus les ténèbres s'épaississent, plus ils doivent s'ap-
pliquer à faire resplendir la lumière de la Foi et celle
de la raison, ces deux flambeaux de l'intelligence humaine, que la Révolution s'efforce d'éteindre.

Entre toutes les questions qui doivent préoccuper
leur sollicitude, la question sociale, cette redoutable
question de vie ou de mort pour l'Europe, nous paraît
devoir occuper la première place.

Qui ne voit que la lutte s'établit, de toutes parts, en
Europe, sur le terrain des principes sociaux ? En France,

1. Ephes , V, 8.

l'Etat moderne sécularisé nous déclare qu'il a des dogmes à garder et à défendre contre ce qu'il appelle : *nos prétentions ultramontaines.*

Nous allons être sommés de nous déclarer partisans et amis de la société moderne, des principes de 89.

Nous avons beau dire et répéter que nous acceptons toutes les formes de gouvernement, il faudra bientôt déclarer hautement si nous acceptons également les principes sociaux sur lesquels nos institutions politiques modernes reposent. Il faudra dire si nous consentons à marcher sous la bannière des droits de l'homme, ou si nous voulons demeurer fidèles à celle des droits de Dieu.

Là est la vraie question, la grande question du moment.

La vérité ne perdra rien à ces discussions solennelles. L'Église, qui se verra obligée de parler, confessera, devant la terre entière, sa croyance séculaire aux vérités sociales confiées par Jésus-Christ à sa sollicitude. Ce jour-là, l'école catholico-libérale aura vécu. Le Concile du Vatican aura achevé son œuvre. Le monde sera en pleine possession des vérités qui lui manquent. Si Dieu daigne encore avoir pitié de l'Europe, les ouvriers qui seront conviés par la Providence à la restauration de la société sauront clairement sur quelles bases ils peuvent établir leur glorieuse entreprise.

Cette grande restauration sociale se fera-t-elle un jour ? Dieu le sait.

Nous avons essayé d'y travailler en nous efforçant de

mettre en relief dans ces quelques pages la vraie notion de la Révolution et la grande question sociale posée devant notre siècle.

Répétons-le en terminant, c'est la royauté de Jésus-Christ qui est en cause au fond de tous les grands débats de l'heure présente.

Le cri de la vieille Europe apostate est décidément celui des Juifs déicides : *Nolumus hunc regnare super nos* [1].

Il faut que notre devise soit cette parole de l'apôtre : *Oportet illum regnare* [2].

1. Luc, XIX, 14.
2. I. Cor., XV, 25.

POITIERS. — IMP. OUDIN.

17°

www.ingramcontent.com/pod-product-compliance
Lightning Source LLC
Chambersburg PA
CBHW071010280326
41934CB00009B/2240